W0220064

© 1986 Tony Ross
Zuerst erschienen 1986 bei Andersen Press Ltd.,
20 Vauxhall Bridge Road, London SW1V 2SA, UK
Originaltitel: I Want My Potty

© für die deutschsprachige Ausgabe Baumhaus Verlag AG
Zürich – Frankfurt/Main – Bruck 2000
ISBN 3-909484-94-8
Alle Rechte vorbehalten.

Aus dem Englischen übersetzt von Nureeni Träbing.

Printed in Italy by Grafiche AZ, Verona.

Gesamtverzeichnis schickt gern: Baumhaus Verlag AG,
Seelenberger Straße 4, D-60489 Frankfurt am Main
http://www.baumhaus-ag.de

5 4 3 2 00 01 02 03 2004

Die Kleine Prinzessin

Ich will mein Töpfchen!

Tony Ross

BAUMHAUS VERLAG

„Windeln sind bääh", sagte die kleine Prinzessin.
„Ich will was Besseres!"

„Töpfchen sind toll!“, sagte die Königin.

Zuerst dachte die kleine Prinzessin, das Töpfchen wäre noch schlimmer.

Doch die Königin sagte: „TÖPFCHEN SIND TOLL!“

Also … musste die kleine Prinzessin üben.

Manchmal war die kleine Prinzessin ganz weit von ihrem Töpfchen weg, wenn sie es dringend brauchte.

Manchmal machte die kleine Prinzessin Faxen
mit ihrem Töpfchen…

…und manchmal machte das Töpfchen Faxen
mit der kleinen Prinzessin.

Bald hatte sie viel Spaß mit ihrem Töpfchen.

Und sie liebte es sehr.

Alle sagten, die Prinzessin sei klug und würde eines Tages eine wunderbare Königin sein.

„Töpfchen sind toll!“, sagte die kleine Prinzessin stolz.

Eines Tages spielte die kleine Prinzessin auf dem höchsten Turm des Schlosses. Da plötzlich…

…schrie sie: „ICH WILL MEIN TÖPFCHEN!“

„Sie will ihr Töpfchen!“, rief die Magd.

„Sie will ihr Töpfchen!“, rief der König.

„Sie will ihr Töpfchen!“, rief der Koch.

„Sie will ihr Töpfchen!“, rief der Gärtner.

„Sie will ihr Töpfchen!“, rief der General.

„Ich weiß, wo es ist“, rief der Admiral.

Also wurde das Töpfchen so schnell es nur ging

zu der kleinen Prinzessin gebracht… gerade…

… ein kleines bisschen zu spät.